www.ingramcontent.com/pod-product-compliance
Lightning Source LLC
LaVergne TN
LVHW021222080526
838199LV00089B/5771

# فصیلِ لب

(غزلیات)

رشید قیصرانی

© Rasheed Qaisrani
**Faseel-e-Lab** *(Ghazals)*
by: Rasheed Qaisrani
Edition: November '2024
Publisher :
*Taemeer Publications LLC* (Michigan, USA / Hyderabad, India)

ISBN 978-93-6908-765-5
9 789369 087655

مصنف یا ناشر کی پیشگی اجازت کے بغیر اس کتاب کا کوئی بھی حصہ کسی بھی شکل میں بشمول ویب سائٹ پر اَپ لوڈنگ کے لیے استعمال نہ کیا جائے۔ نیز اس کتاب پر کسی بھی قسم کے تنازع کو نمٹانے کا اختیار صرف حیدرآباد (تلنگانہ) کی عدلیہ کو ہو گا۔

© رشید قیصرانی

| | | |
|---|---|---|
| کتاب | : | **فصیلِ لب** (مجموعہ کلام) |
| مصنف | : | **رشید قیصرانی** |
| صنف | : | شاعری |
| ناشر | : | تعمیر پبلی کیشنز (حیدرآباد، انڈیا) |
| سالِ اشاعت | : | ۲۰۲۴ء |
| صفحات | : | ۱۳۶ |
| سرورق ڈیزائن | : | تعمیر ویب ڈیزائن |

# اپنے ساتھی کے نام

میرے ساتھی
تو مجھے بولنے دے
میں کہ اس آتش ستیال میں اک مدت سے
اپنے جلنے کا سماں دیکھتا ہوں
رقص کرتے ہوئے شعلوں کے قریب
میری آواز کو لہرانے دے،
تُو مرے گرد فصیلیں نہ بنا
دُور تک پھیلی ہوئی رات کا اندھا راہی

مجھ سے کترا کے نکل جائے گا

مجھ کو جلنے دے

مجھ کو جلنے دے کہ میں اپنا تماشا کر لوں

بجھ گئی آگ تو جھلسی ہوئی ننگی آواز

اپنے پیکر کے خد و خال سے ڈر جائے گی

وقت کے گہرے سمندر میں اُتر جائے گی

میرے ساتھی

میں سرِ گنبدِ آواز کھڑا ہوں کب سے

مجھ کو گرنے دے فصیلِ لب سے

رشید قیصرانی

۱۲ دسمبر ۷۳

# مصنف

ڈیرہ غازی خاں کے بلوچ قبیلے قیصرانی کے ایک نامور سردار جناب سردار شیر بہادر خاں مرحوم کے ہاں پیدا ہوئے۔ لاہور میں تعلیم مکمل کرنے کے بعد ۱۹۵۲ء میں پاک فضائیہ میں کمیشن لیا اور ابھی تک فضائیہ سے منسلک ہیں۔ شاعری کی ابتدا کالج کے زمانے سے ہوئی۔ فصیلِ لب ان کا پہلا مجموعۂ کلام ہے۔

رشید قیصرانی  فصیلِ لب (غزلیات)

آغشتہ ایم ہر سرِ خارے بخونِ دل
قانونِ باغبانیِ صحرا نوشتہ ایم
(غالبؔ)

| | |
|---|---|
| پیشِ لفظ  ڈاکٹر وزیر آغا | 15 |
| صدیوں سے میں اس کے آنسو کی پتلی میں چھپا تھا | 25 |
| یوں بھی اک بزمِ صدا ہم نے سجائی پہروں | 27 |
| اپنے پیکر کو بکھرتا دیکھ کریں در گلیسا | 29 |
| کچھ اس لیے بھی ہر لحظہ کسی سمت رواں ہیں | 31 |
| تنہائیوں کا حبس مجھے کاٹتا رہا | 33 |

| | |
|---|---|
| یہ کون سا سورج مرے بہلو میں کھڑا ہے | ۳۵ |
| ہاں وہ ایک خواب تھا، دھوکا نظارہ کا تھا | ۳۷ |
| موجسۂ آب پہ قند یل جلا دی گئی | ۳۹ |
| پانی کے طرح ریت کے سینے میں اتر جا | ۴۱ |
| خوبصورت سا کوئی جہنم بجھانے نکلا | ۴۳ |
| گاتا رہا ہے دور کوئی ہیرا ات بھر | ۴۵ |
| میری زبان گنگ ہوئی ہاتھ شل ہوا | ۴۷ |
| راہی بھی ہوں میں، راہ کی دیوار بھی میں ہوں | ۴۹ |
| کاش کچھ دیر مجھے تم نہ سنبھلنے دیتے | ۵۱ |
| اٹھ گئی آگ چساند کی دُول | ۵۳ |
| بیٹھی ہے اب چٹان پہ غم، ڈرّی ڈرّی | ۵۵ |

| | |
|---|---|
| ۵۷ | وہ جو اک لفظ مرے لب پہ سدا ہوتا ہے |
| ۵۸ | اپنا وہ خود جواب ہے، خود ہی سوال ہے |
| ۶۰ | آیا انس کی مسیح تک، آ کر پِٹ گیا |
| ۶۲ | اے ماورشنِ جلوہ گرو، نور نڑھا دو |
| ۶۴ | دیپ سے دیپ جلے تو کوئی بات بنے |
| ۶۶ | اے سحر یا مصبح تری بات جب چلی |
| ۶۸ | کون کہتا ہے ترے دل میں اتر جاؤں گا |
| ۸۰ | میں دل پرست کب سے سمندر راہ سادہ لگ |
| ۸۱ | تیسرے دریاؤں کا احسان اٹھاتے گزری |
| ۸۲ | بے شرق تو بے ساختہ آنکھوں میں سموئے |
| ۸۵ | ترے غیب دل کو پابند بیگ و بوند کروں |

| | |
|---|---|
| بھٹا نکلا مری بکول سے تو پتھراکے گرا ہے | ۷۷ |
| دم بھسے کی عشق باعثِ انزار بھی ہوگی | ۷۹ |
| تجھ سے بھی حسیں ہے ترے انکار کا رشتہ | ۸۱ |
| صحرا صحرا ابات میلی ہے، نگری نگری چہرہ چاہے | ۸۳ |
| شب کی دہلیز کو جس نے بھی سنوارا ہوگا | ۸۵ |
| بچھڑا پڑا ہے دامنِ گردوں پہ دامِ شب | ۸۶ |
| حیرت سے لوگ پاس کھڑے دیکھتے رہے | ۸۷ |
| تستہ پستہ پیے گھلتی ہنستی چہکتی چاندنی | ۸۸ |
| چاہت کا سنسار ہے جھوٹا، پیار کے سات سمندر جھوٹ | ۹۰ |
| مری جبیں کو سجدہ کریں، تم بھی تو جو | ۹۱ |
| کبھی تو کاوشِ تجھے بھی نہیں ہمتِ دم دیکھوں | ۹۳ |

| | |
|---|---|
| ۹۵ | کب سے یہاں بھی اک گل مشبہ بیتیم ہے |
| ۹۶ | میں نے کبھی نہیں آپ سے باتیں بھی مفصل |
| ۹۷ | قصہ نہ سنا پھرے مجھے نسل گمن کا |
| ۹۹ | گنبدِ ذات میں، اب کوئی صدا دوں تو چپ سلوں |
| ۱۰۱ | ڈگروں کی وہ پکار بھٹ، شعلہ صدا کا تھا |
| ۱۰۳ | مصنف کی قید سے مجھ کو نکالو |
| ۱۰۵ | میں کس طرح سے موڑ لوں ایسے پیام سے |
| ۱۰۶ | جب رات کے سینے میں اترنا ہے تو یارو |
| ۱۰۹ | مکاں بھی کوئی نہیں ہے، کوئی سکیں بھی نہیں |
| ۱۱۰ | اس طرح آنکھ کی مشتعل میں سجھا لوں تجھ کو |
| ۱۱۷ | تم برے کب تھے کیوں آخر بھلے ہو جاؤ گے |

| | |
|---|---|
| کال گھمٹ کا غرفہ ندیوں آنے مائیے | ۱۱۴ |
| ہاکاش پہ یوں مٹے انجسل کو نہ لہرا | ۱۱۶ |
| اپنی مسرح مجھے بھی زمانے میں عام کر | ۱۱۸ |
| میں ڈھونڈتا پھرتا ہوں اُسے دشت میں کب سے | ۱۲۰ |
| پتا بھرے درخت کا اک مجھ گیا | ۱۲۲ |
| نام ہمارا دنیا والے لئیں گے بھی داروں میں | ۱۲۴ |
| سائے کو کر بدن سے جسدا روشنی ہوئی | ۱۲۶ |
| بات سورج کی کوئی آج نئی ہے کہ نہیں | ۱۲۸ |
| ہر گلی کے موڑ کا پر حسم بنی میسری تھا | ۱۳۰ |
| آئینہ خانے میں یہ منظر کبھی دیکھا نہ تھا | ۱۳۲ |
| گم گشتہ منزلوں کا مجھے کچھ نشان دے | ۱۳۴ |

# پیش لفظ

ڈاکٹر وزیر آغا

فصیلِ لب (غزلیات) رشید قیصرانی

رشید قیصرانی کی خوبصورت اور دلکش غزلوں کا پہلا مجموعہ فصیلِ لب آپ کے سامنے ہے۔ کچھ عرصہ قبل جب انہوں نے مجھے مسودہ ارسال کیا اور اس کے لئے مقدمہ تحریر کرنے کی فرمائش کی تو اس کے ساتھ مجھے ایک طویل مختصر خط بھی لکھا۔ مجھے رشید قیصرانی صاحب کا یہ خط پڑھ کر جہاں ان کے اندر کے انسان کے بارے میں معلومات حاصل کر کے مسرت ہوئی، وہاں اس بات پر اطمینان بھی ہوا کہ انہوں نے مجھے اپنی شاعری میں طبقاتی کش مکش، استحصال، کومٹ منٹ، جدید انسان کا تصور اور اس قبیل کی جملہ پٹی ہوئی لیکن مقبولِ عام باتیں تلاش کرنے پر مامور نہیں کیا جس کا مطلب یہ ہے کہ رشید قیصرانی نے جو کچھ لکھا ہے اپنی ذات کی سیاحت کے دوران لکھا ہے، کسی نظریاتی منزل پر پہنچنے کے بعد عوام کے سامنے نعرہ لگانے اور نعرے لگوانے کے لئے نہیں لکھا۔ اگر یہ صورت ہوتی تو انھیں مقدمہ نگار کی ضرورت ہی نہ پڑتی اور وہ خود ہی بنے بنائے پرچہ ہائے ترکیب استعمال سے کام نکال لیتے۔ لیکن اب صورت یہ ہے کہ وہ ع

نے ہاتھ باگ پر ہے نہ پا ہے رکاب میں

کی کیفیت میں مبتلا ہیں اور چاہتے ہیں کہ فصیلِ لب سے جو آواز اُبھر رہی ہے اس کا پوری طرح تجزیہ کیا جائے۔

میں نے فصیلِ لب کے مسودے کو متعدد بار پڑھا۔ پہلی قرأت میں تو مجھے ایک بے نام سی لطیف کیفیت کا احساس ہوا۔ جیسے میں ایک طلسماتی تخت پر بیٹھا کسی صحرا پر سے

اڑا جا رہا ہوں۔ دوسری قرأت میں اس بے نام و نشان صحرا کے نقوش ابھرنے شروع ہو گئے۔ کھادے ، ریت کے ٹیلے، آدمی، الاؤ، شجرِ قدیم، سائے کی سیدھ میں چلنے کا انداز اور افق تا افق پھیلے ہوئے فاصلے! تیسری قرأت میں مجھے محسوس ہوا کہ یہ ساری فضا ہی طلسماتی ہے اور چھلاوا، صدا کی پرچھائیں، جل پری، شہزادی اور پتھر بن جانے کا واقعہ ——— یہ سب ایک الف لیلوی، جادو بھری فضا کی تعمیر کرتے ہیں اور یوں لگتا ہے جیسے کوئی شہزادہ (مسافر) کسی شہزادی کی تلاش میں ایک صحرائی طلسم میں سے گزر رہا ہے۔ تب مجھے وہ شہزادہ صاف نظر آیا۔ جسے میں نے پہلی قرأت میں اڑن کھٹولے کا محض ایک پائلٹ سمجھا تھا مگر جو دراصل رشید قیصرانی کے اندر کا انسان تھا۔ میں نے کچھ عرصہ اس شہزادے کی معیت میں سفر کیا اور یوں اس کے چہرے کے سارے خد و خال نوٹ کر لیے (یا کم از کم میں اس خوش فہمی میں مبتلا ہوں کہ ایسا ہو گیا۔) اور اب میری یہ کوشش ہے کہ میں اس شہزادے کی پوری کہانی رقم کروں۔

تلمیحات کی زبان میں بات کروں تو یہ مسافر وہی ہے جسے کبھی قیس کا نام ملا تھا اور شہزادی لیلیٰ کے سوا اور کوئی نہیں! اور قیس اپنی 'لیلیٰ' اپنے آئیڈیل کی تلاش میں سرگرداں ہے۔ دلچسپ بات یہی نہیں کہ رشید قیصرانی کے ہمزاد کا حلیہ اور کردار قیس سے مشابہ ہے۔ بلکہ یہ کہ دونوں کی تگ و دو اور سفر کا پس منظر بھی ایک سا ہے۔ یعنی ایک لق و دق صحرا جہاں اَن مٹ فاصلے ابھرتے ہیں، جہاں راستے ناپید اور منزل موہوم ہوتی ہے۔ صحرا میں ایک چیز جو مسافر کی تشنگی سے فائدہ اٹھا کر اسے اپنی طرف بلاتی ہے' پانی کا وہ ہیولیٰ ہے جو درحقیقت ایک سراب کے سوا اور کچھ نہیں۔ مسافر اس پانی تک پہنچنے کے لئے اپنی ختم ہوتی ہوئی طاقت کی آخری رمق بھی صرف کر ڈالتا ہے مگر جب پانی تک پہنچتا ہے تو دیکھتا ہے کہ وہاں محض چمکتی ہوئی ریت ہے اور پانی پھر دور افق سے اسے بلانے لگا ہے۔ پانی کا سراب اور لیلیٰ کا سراپا قیس کی تلمیح میں ایک ہی شے کے دو نام ہیں۔ رشید قیصرانی کی لغت میں ان

کے لئے چاندنی اور شہزادی کے نام استعمال ہوتے ہیں۔ ان کے ہاں چاندنی ایک سیلِ نور ہے کہ کراں تا کراں پھیلا ہوا ہے اور شہزادی سرخ کجاوے میں بیٹھی (گویا وہ ایک کرن ہے) آگے ہی آگے کو رواں ہے۔ بلکہ بار بار اس بات کا احساس ہوتا ہے کہ چاندنی اور شہزادی ایک ہی کردار کے دو نام ہیں۔ یوں بھی کہہ سکتے ہیں کہ فصیلِ لب کی شہزادی ایک رنگین چھلاوا ہے۔ وہ لحظ بھر کے لئے دکھائی دیتی ہے مگر پھر اس پس منظر میں تحلیل ہو جاتی ہے جو چاندنی سے لبریز ہے ؎

کرن کرن تیرا پیکر، کلی کلی چہرہ
یہ لخت لخت بدن اب کہیں بہم بھی تو ہو

اور شاعر اپنے آئیڈیل کی بکھری ہوئی کرنوں کو ایک پیکر میں جمع کرنے کے لئے خود کو ریزہ ریزہ ہو جانے پر مجبور پاتا ہے۔ کیوں کہ وہ جانتا ہے کہ چاندنی کے بکھراؤ کو ریت کا بکھراؤ ہی گرفت میں لے سکتا ہے۔

میں کانچ کے ٹکڑوں کی طرح بکھرا پڑا ہوں — بھولے سے کبھی مجھ کو بھی پاؤں میں چبھو لو
چلتے چلتے ایک اک قیدی رہا ہوتا گیا — ساتھ میرے اک بکھرتا ٹوٹتا پیکر گیا
ہم خود سے جدا ہو کے تجھے ڈھونڈنے نکلے — بکھرے ہیں اب ایسے کہ یہاں ہیں نہ وہاں ہیں

بس یہی شاعر کا اصل مسئلہ ہے کہ وہ کسی نہ کسی طرح چاروں طرف بکھری ہوئی کرنوں سے وہ پیکر ترتیب دے جو اس کی روح کی طلب اور جستجو کو سیراب کر سکے۔ مگر وہ پیکر ہے کہ مجسم ہو کر سامنے آتا ہی نہیں اور اگر آتا بھی ہے تو پلک جھپکنے میں اپنی صورت تبدیل کر لیتا ہے۔

پتھر ہے تو کبھی، کبھی شبنم، کبھی ہوا — تجھ سے کرے گا کوئی کہاں تک برابری

تو گویا یہ پیکر ایک چھلاوا ہے مگر ایسا چھلاوا جو اکثر و بیشتر خود کو کرنوں کے بکھراؤ میں ظاہر کرتا ہے۔ شاید اسی لئے "فصیلِ لب" کے اشعار میں محبوبہ کو بار بار کرن کہہ کر

پکارا گیا ہے ؎

دائرے بُنتی ہوئی ایک کرن کی خاطر — پتلیاں تیرہ خلاؤں میں گھماتے گزری
اے شب نہ کٹے گی ترے سینے کی سیہ بھی — اک شوخ کرن مفت گنہگار بھی ہوگی
نکلی ہے جو سو بار رگِ جاں سے گزر کر — اے شب کوئی پیغام اُس آوارہ کرن کا

اب تک کی کہانی میں تین کردار نمایاں طور پہ اُبھرتے ہیں۔ ایک تلاش کرنے والے کا کردار، دوسرا جس کی اُسے تلاش ہے اور تیسرا کردار اس صحرا کا جہاں پہلے دو کردار سدا ملتے اور سدا جدا ہوتے رہتے ہیں۔ ملاپ کی صورت فقط اتنی ہے کہ جب متلاشی ذرّوں میں اور محبوب کرنوں میں تبدیل ہو جاتا ہے تو خود ذرّے کرنیں بن جاتے ہیں مگر اس کے فوراً بعد جب چاندنی اپنی کرنوں کا دامن سمیٹے آگے کو بڑھتی ہے تو فاصلے اُبھر آتے ہیں اور تلاش از سرِ نو شروع ہو جاتی ہے۔ آنکھ مچولی کا یہ انداز سحر تک جاری رہتا ہے اور تب اس کہانی میں چوتھا کردار داخل ہو جاتا ہے اور اس کردار کے آتے ہی ایک عجیب سی کسک اور درد چبھنے اور کراہنے کی کیفیت پیدا ہو جاتی ہے۔ یہ کردار سورج کا ہے جو تلوار، نیزہ یا خنجر سے متلاشی پر حملہ زن ہوتا ہے ؎

خورشید کے چہرے پہ بکھری ہیں لہو کی — خنجر سا کوئی رات کے سینے میں گڑا ہے
شب کی سرحد سے پرے سورج کمیں گاہوں میں ہیں — میں نے بتلایا تھا لیکن تو نہ مانی چاندنی
بکھرا پڑا ہے دامنِ گردوں پہ دامِ شب — شمشیرِ صبح چیر کے نکلی نیامِ شب
ہزاروں تیر برسائے گا سورج — چھپا لو اپنے چہروں کو چھپا لو
سورج نے صبحدم مرے پاؤں میں ڈال دی — میں کاٹتا رہا ہوں جو زنجیر رات بھر

میری رائے میں "فصیلِ لب" کا سورج وہ نظرِ احتساب ہے جو سماج کی لکیر سے بھٹکنے والے ہر راہی کو فی الفور اپنی گرفت میں لے لیتی ہے اور جانچتی

ہے کہ اسے ہانک کر دوبارہ بھیڑوں کے گلے میں شامل کر دے۔ نفسیات کی زبان میں اسے Father Image کا نام بھی دیا جا سکتا ہے۔ رشید قیصرانی کے ہاں یہ Father Image بہت قوی اور جابر ہے اور اس نے شاعر کے راستے میں دیوار بننے کی بار بار کوشش کی ہے۔ دوسری طرف شاعر نے اپنے چہرے پر زخم تو سجا لئے ہیں لیکن حریف کے آگے ہتھیار نہیں ڈالے اور یوں کہانی میں وہ بُعد پیدا ہوا ہے جس کے بغیر کوئی داستان مکمل نہیں ہوتی۔ فصیلِ لب کا سورج ان قدیم قبائلی روایات کا سمبل بھی ہے جس سے رشید قیصرانی کو بار بار نبرد آزما ہونا پڑا ہے۔ مگر اس میں عزیزوں، دوستوں، ہمعصروں اور ان سب سے زیادہ "زمانہ" کا عنصر بھی شامل ہو گیا ہے۔ گویا سورج وہ "ذہن" ہے جو سدا روشنی کے حلقے میں قلعہ بند رہتا ہے اور ان پرچھائیوں اور پُراسرار راستوں کو ناپسند کرتا ہے جو ایک آزاد ذہن کو عزیز ہیں۔ یہ وہی معرکہ ہے جو روایت اور تجربے میں، بوسیدگی اور تازگی میں رجعت اور جدت میں ہمیشہ سے جاری رہا ہے۔ رشید قیصرانی نے اس معرکے میں ہتھیار نہیں ڈالے بلکہ ایک مجاہد کی طرح زخم پہ زخم سہتا اور مسکراتا چلا گیا ہے۔ اسی حوصلہ مندی کے انداز نے اس کے کلام میں وہ انوکھی توانائی پیدا کی ہے جو محسوس کرنے سے تعلق رکھتی ہے۔

فصیلِ لب میں صحرا کی علامت معنویت سے لبریز ہے۔ ایک طرف تو یہ علامت خارجی زندگی میں شاعر کی اسی تگ و تاز کی نشاندہی کرتی ہے جو اس نے اپنے آئیڈیل تک پہنچنے کے لئے کی ہے۔ تاہم چونکہ یہ آئیڈیل چاندنی کی طرح بکھرا ہوا ہے اس لئے اس کی تگ و تاز بھی کسی مقررہ سمت میں نہیں۔ دوسری طرف یہ علامت شاعر کے اس سفر کا اعلامیہ ہے جو اس نے اپنی ذات کے بیکراں سناٹوں میں کیا ہے۔ مگر یہ پہلو "سورج" سے متصادم ہونے کے بعد ہی ابھرا ہے۔ یوں کہہ لیجئے کہ سفر کا پہلا مرحلہ باہر کی طرف جانے کے عمل سے عبارت تھا۔ لیکن جب مسافر کے راستے میں سورج سینہ تانے اور خنجر تھامے آکھڑا

ہوا تو اس نے دوبارہ صحرا کی طرف مراجعت کی اور اس بار یہ صحرا اس کی ذات کا دشتِ بے اماں تھا۔ بات واضح ہے۔ جب راستے میں کوئی رکاوٹ آجائے تو سفر کرنے والے کو مزید توانائی کی ضرورت پڑتی ہے۔ جنگ میں یہ توانائی گولا بارود، پٹرول اور رسد لیکن نفسیاتی جنگ میں اس داخلی قوت کی صورت اختیار کرتی ہے جو انسان کے باطن میں محفوظ پڑی ہے۔ دوسرے لفظوں میں صحرا کی طرف مراجعت اپنی ہی داخلی قوت کی تلاش پر منتج ہوتی ہے۔ چنانچہ اسی لئے فصیلِ لب میں ایک روحانی قلبِ ماہیت کی وہ آرزو پیدا ہوئی ہے، جس کا صحرا میں زیادہ عرصہ تک رہنے والوں کے ہاں پیدا ہو جانا ناگزیر ہے ؎

سیلِ سکوت اب تو رگِ جاں تک آگیا		اذنِ بیان دے مجھے اذنِ بیان دے

ان پتھروں کو راکھ نہ کر سوزِ نطق سے		مجھ سے کلام کر کبھی مجھ سے کلام کر

میں بھی صدیوں سے خلاؤں کا مسافر ہوں رشید		مجھ کو بھی چاند کے آنگن سے اشارہ ہوگا

یہاں پہنچ کر رشید قیصرانی کے ہاں چاندنی (محبوبہ) ایک بیکراں قوت کی علامت بن جاتی ہے اور پھر روحانی کشف اس کے اشعار میں جابجا لَو دینے لگتا ہے ؎

میں نازشِ آواز ہوں، حسن ہجرِ خموشی		اوگنگ صداؤ لبِ گفتار بھی میں ہوں

اک دائرہ بنتی ہے مری ذات مرے گرد		مطلوب بھی میں اور طلبگار بھی میں ہوں

کل تک تھا نمائندہ سکوتِ ازلی کا		اور آج کا پیغمبرِ اظہار بھی میں ہوں

پلکوں سے لکھ رہا ہوں میں آیاتِ نو بنو		مجھ پر اتر رہا ہے مسلسل کلامِ شب

ہر شے میں اب تو ایک ہی صورت دکھائی دے		ایسا نصابِ دید میں ردّ و بدل ہوا!

نصابِ دید کا یہ ردّ و بدل ایک روحانی قلبِ ماہیت ہی کا دوسرا نام ہے اور رشید قیصرانی اب اس کے ذائقے سے آشنا ہیں۔

شاعری میں اکثر یوں ہوا ہے کہ اگر شاعر نے ان چھوتی سرزمینوں کی سیاحت کی ہے تو قطعاً غیر شعوری طور پر وہ ان کی تصویر کشی کے لئے ایک تازہ اسلوب اور ایک منفرد لہجے میں بات کرتا چلا گیا ہے۔ یوں اس کے ہاں بنی بنائی ترکیبوں، پامال اور پٹے ہوئے استعاروں اور ان سے منسلک فرسودہ تلازمات سے بچاؤ کی صورت از خود پیدا ہو گئی ہے۔ رشید قیصرانی ایک نئے تجربے سے گزرا ہے اور اس نے ذات کے صحرا کو کسی روندی ہوئی رہگذر کے ذریعے طے نہیں کیا بلکہ اپنے قدموں سے ریت پر ایک نیارا ستہ بنایا ہے۔ اس لئے قدرتی طور پر اس کے اسلوب پر بھی کسی اور کے اسلوب کی پرچھائیں نہیں پڑی اور وہ لفظوں کو اس طرح استعمال کرتا چلا گیا ہے جیسے اس نے انہیں پہلی بار چھوا ہو۔ پھر یہ بات بھی ہے کہ چونکہ اس کا سفر بیتے ایک صحرا کا سفر ہے اس لئے اس کے اسلوب میں بھی کوئی آرائشی انداز پیدا نہیں ہوا۔ بلکہ صحرا کی سی جیون سادگی اور وسعت پیدا ہو گئی ہے۔

آخر میں مجھے یہ کہنا ہے کہ رشید قیصرانی ان شاعروں سے قطعاً مختلف ہیں جو نخچہ عمری میں بھی Teenage شاعری کرتے اور سوکھے پھول کتابوں میں تلاش کرتے رہتے ہیں۔ ان کے برعکس رشید قیصرانی نے کتابِ زندگی کی ورق گردانی کی ہے اور اسی نے ان کے ہاں وہ شعری آواز پیدا ہوئی ہے جو نئی اردو غزل کے ایوان میں منفرد بھی ہے اور دلکش بھی اور میں اس آواز کو خوش آمدید کہتا ہوں۔

وزیر آغا

سرگودھا ۱۲، ستمبر ۱۹۷۳ء

# فَصِیلِ لَبْ

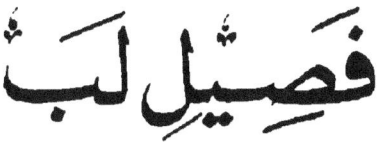

## ۲۴

اک ترا نام تھا، اُبھرا جو فصیلِ لب پر
ورنہ سکتے میں رہی ساری خدائی پہروں

۲۵

○

صدیوں سے میں اِس آنکھ کی پتلی میں چھپا تھا
پلکوں پہ اگر مجھ کو سجا لیتے تو کیا تھا
تو پھیل گیا تا بہ ابد مجھ سے بچھڑ کر
میں جسم کے زنداں میں تجھے ڈھونڈ رہا تھا
ہاں مجھ کو ترے سُرخ کجاوے کی قسم ہے
اس راہ میں پہلے کوئی گھنگرو نہ بجا تھا
گزرے تھے مرے سامنے تم دوشِ ہوا پر
میں دُور کہیں ریت کے ٹیلے پہ کھڑا تھا
سینے میں اُبھرتے ہوئے سورج کا تلاطم
آنکھوں میں تری ڈوبتی راتوں کا نشہ تھا

۲۶

گزرا نہ اِدھر سے کوئی پتھر کا پجاری
مدت سے میں اِس راہ کے ماتھے پہ سجا تھا

جب وقت کی دہلیز پہ شب کانپ رہی تھی
شعلہ سا مرے جسم کے آنگن سے اُٹھا تھا

اب جانیے کیا نقش ہواؤں نے بنائے
اس ریت پہ میں نے تو ترا نام لکھا تھا

اے دیدۂ حیراں، تو ذرا اور قریب آ
اے ڈھونڈنے والے میں تجھے ڈھونڈ رہا تھا

اچھا ہے رشیدؔ آنکھ بھر آئی ہے کسی کی
اس خشک سمندر میں تو میں ڈوب چلا تھا

۲۷

یوں بھی اک بزمِ صدا ہم نے سجائی پہروں
کان بجتے رہے آواز نہ آئی پہروں

اک ترا نام تھا اُبھرا جو فصیلِ لب پر
ورنہ سکتے میں رہی ساری خدائی پہروں

لمحہ بھر کے لیے برسی تری یادوں کی گھٹا
ہم نے بھیگی ہوئی چلمن نہ اُٹھائی پہروں

وہ تو پھر غیر تھا، غیروں سے شکایت کیا ہو
نبض اپنی بھی مرے ہاتھ نہ آئی پہروں

آنکھ جھپکی تو رواں تھی وہ ہوا کے رُخ پر
ہم نے جو ریت کی دیوار بنائی پہروں

۲۰

پَر سمیٹے ہوئے یُوں چُپکے سے لمحہ گزرا
شب کی دہلیز پہ ہی ہم نے دُہائی پہروں
لَوٹ کر آئے نہ بھٹکے ہوئے راہی دل میں
آگ اس دشت میں ہم نے تو جلائی پہروں
پھر بھی لے دے کے وُہی رنگ پُرانا نکلا
ہم نے موڑی ہے خیالوں کی کلائی پہروں
وُہ ہیولے تھے کہ سائے تھے سرِ رقص رشیدؔ
جسم کی ایک بھی جھنکار نہ آئی پہروں

۲۹

○

اپنے پیکر کو بکھرتا دیکھ کر میں ڈر گیا
ذرہ ذرہ جی اُٹھا میرا تو میں خود مر گیا

چل دیا جانے کہاں تو ٹوٹتے تاروں کے ساتھ
میں تو کربِ شب کی ساری داستاں سُن کر گیا

عرصہ گاہِ شوق میں کب تُو نے بلوایا مجھے
میں صلیبِ غم اُٹھا کر خود ترے در پر گیا

میں بھی تیری جستجو میں گھومتا تھا اپنے گرد
تُو بھی میری کھوج میں کب ذات سے باہر گیا

دائرہ کوئی طلسماتی نظر کا دائرہ
اک تماشا سا دکھا کر ورنہ جادو گر گیا

۳۰

اب سجاؤ بیٹھ کر بے جان خوابوں کے صنم
وہ ہُمکتا، تِلملاتا، جاگتا منظر گیا

چلتے چلتے ایک اک قیدی رِہا ہوتا گیا
ساتھ میرے اک بکھرتا، ٹوٹتا پیکر گیا

شب کی چادر اوڑھ کر آرام سے زخموں کو گِن
کرچیاں کرنوں کی برساتا ہوا پتھر گیا

○

کچھ سائے سے ہر لحظہ کسی سمت رواں ہیں
اس شہر میں ورنہ نہ مکیں ہیں، نہ مکاں ہیں

ہم خود سے جدا ہو کے تجھے ڈھونڈنے نکلے
بکھرے ہیں اب ایسے کہ یہاں ہیں نہ وہاں ہیں

جاتی ہیں ترے گھر کو سبھی شہر کی راہیں
لگتا ہے کہ سب لوگ تری سمت رواں ہیں

اے موجۂ آوارہ کبھی ہم سے بھی ٹکرا!
اک عمر سے ہم بھی سرِ ساحل نگراں ہیں

سمٹے تھے کبھی ہم تو سمائے سرِ مژگاں
پھیلے ہیں اب ایسے کہ کراں تا بہ کراں ہیں

۳۲

تو ڈھونڈ ہمیں وقت کی دیوار کے اُس پار
ہم دُور، بہت دُور کی منزل کا نشاں ہیں

اک دن ترے آنچل کی ہوا بن کے اُڑے تھے
اُس دن سے زمانے کی نگاہوں پہ گراں ہیں

توڑو نہ ہمارے لیے آواز کا آہنگ
ہم لوگ تو اک ڈوبتے لمحے کی فغاں ہیں

وہ جن سے فروزاں ہوا اک عالمِ امکاں
وہ چاند صفت لوگ رشیدؔ آج کہاں ہیں

○

تنہائیوں کا حبس مجھے کاٹتا رہا
مجھ تک پہنچ سکی نہ ترے شہر کی ہوا

وہ قہقہوں کی سیج پہ بیٹھا ہوا ملا
میں حس کے دربدر کی بارات لے گیا

اک عمر جستجو میں گزاری تو یہ کھلا
وہ میرے پاس تھا میں جسے ڈھونڈتا رہا

نکلا ہوں لفظ لفظ سے میں ڈوب ڈوب کر
یہ تیرا خط ہے یا کوئی دریا چڑھا ہوا

۳۴

نظریں ملیں تو وقت کی رفتار تھم گئی
نازک سے ایک لمحے پہ صدیوں کا بوجھ تھا
میں نے بڑھ کے ہاتھ اُسے چھو لیا رشیدؔ
اِتنا قریب آج مرے چاند آ گیا

۳۵

○

یہ کونسا سورج مرے پہلو میں کھڑا ہے
مجھ سے تو رشیدؔ اب مرا سایہ بھی بڑا ہے

تو جس پہ خفا ہے، مرے اندر کا یہ انسان
اُس بات پہ مجھ سے بھی کتنی بار لڑا ہے

دیکھا جو پلٹ کر تو مرے سائے میں گُم تھا
وہ شخص جو مجھ سے قد و قامت میں بڑا ہے

صدیوں اُسے پالا ہے سمندر نے صدف میں
پل بھر کے لیے جو مری پلکوں میں جڑا ہے

۳۶

خورشید کے چہرے پہ لکیریں ہیں لہُو کی،
خنجر سا کوئی رات کے سینے میں گڑا ہے
اک لفظ جو نکلا تھا صفیں دل کی اُلٹ کر
مدّت سے مرے لب پہ وُہ بے جان پڑا ہے
ٹکرا کے پلٹتا ہوں لگاتار اِدھر سے
یہ سنگ صفت کون سرِ راہ کھڑا ہے

۳۷

○

مانا وہ ایک خواب تھا، دھوکا نظر کا تھا
اُس بے وفا سے ربط مگر عمر بھر کا تھا

خوشبو کی چند مست لکیریں اُبھار کر
لوٹا اُدھر ہوا کا وہ جھونکا جدھر کا تھا

نکلا وہ بار بار گھٹاؤں کی اوٹ سے
اس سے معاملہ تو فقط اک نظر کا تھا

ہم مسکرا رہے تھے تو شب ساتھ ساتھ تھی
آنسو گرے تھے جس پہ وہ دامن سحر کا تھا

پاؤں میں ہم نے آج بھی زنجیر ڈال دی
سر میں ہمارے آج بھی سودا سفر کا تھا

صحرا کے سر کی مانگ ہے اب تک وہ اک لکیر
حاصل جسے غرور تری رہگذر کا تھا

کالی کرن، یہ گُنگ صداؤں کے دائرے
پہنچا کہاں رشیدؔ، ارادہ کدھر کا تھا

○

موجۂ آب پہ قندیل جلائی نہ گئی
تیری آواز کی تصویر بنائی نہ گئی

مجھ سے توڑا نہ گیا گُنگ صداؤں کا بھرم
تجھ سے الفاظ کی دیوار گرائی نہ گئی

اپنی ہی ذات میں چُھپ کر مجھے دیکھا تو نے
آج تک تجھ سے یہ چلمن بھی اُٹھائی نہ گئی

ہر چمکتی ہوئی شے سے ترا پیکر اُبھرا
میری دُنیا سے تو شیشوں کی خُدائی نہ گئی

۴۰

دن نکلتے ہی بدن ایک نیا اوڑھ لیا
رات کی بات اُجالوں کو سنائی نہ گئی
وہ تو گزرے تھے رشید آج بھی دریا کی طرح
پیاس کافر تھی کچھ اتنی کہ بجھائی نہ گئی

۲۱

پانی کی طرح ریت کے سینے میں اُتر جا
یا پھر سے دھواں بن کے خلاؤں میں بکھر جا

لہرا کسی چھتنار پہ اُو میت ہوا کے
سُوکھے ہوئے پتّوں سے دبے پاؤں گزر جا

چڑھتی ہوئی اس دھوپ میں سایہ تو ڈھلے گا
احسان کوئی ریت کی دیوار پہ دھر جا

بجھتی ہوئی اک شب کا تماشائی ہوں میں بھی!
اے صبح کے تارے، مری پلکوں پہ ٹھہر جا

لہرائے گا آکاش پہ صدیوں ترا پیکر
اک بار مری رُوح کے سانچے میں اُتر جا

اِس بَن میں رہا کرتی ہے پرچھائیں صدا کی
اے رات کے راہی، تو ذرا تیز گزر جا

اُس پار چلا ہے تو رشیدؔ اپنا اثاثہ،
بہتر ہے کسی آنکھ کی دہلیز پہ دھر جا

فصیلِ لب (غزلیات) رشید قیصرانی

○

خوبصورت سا کوئی زخم سجانے نکلا
چاندنی رات کا میں ہاتھ بٹانے نکلا

اب اُسے ڈھونڈتا ہے جسم کا ریزہ ریزہ
وہ بگولا جو مجھے راہ دکھانے نکلا

کس قیامت کا سمندر میں بپا ہے طوفاں
کون سا چاند اُفق پار نہ جانے نکلا

کوئی دیوار جب اس شہر کی خالی نہ رہی
بہتے پانی پہ میں تصویر بنانے نکلا

۴۴

جانے کیوں ساتھ چلا تُند ہوا کا جھونکا
میں تری راہ میں جب دِیپ جلانے نکلا
پھر رشیدؔ آج غزل ایک نئی لے کے چلا
پھر وہی بات پُرانی وہ سُنانے نکلا

○

گاتا رہا ہے دُور کوئی ہیر رات بھر
میں دیکھتا رہا تری تصویر رات بھر

تاروں کے ٹُوٹنے کی صدا گونجتی رہی
ہوتی رہی ہے رات کی تشہیر رات بھر

میں چل پڑا تو کٹ کے وہ قدموں میں آ گری
لٹکی تھی میرے سر پہ جو شمشیر رات بھر

سوَرج نے صبح دم مرے پاؤں میں ڈال دی
میں کاٹتا رہا ہوں جو زنجیر رات بھر

۴۶

میں خامشی میں ڈوب کے کچھ سوچتا رہا
کچھ بولتی رہی تری تصویر رات بھر

میں سو گیا رشیدؔ تو ہالہ بکھر گیا
پہنی نہ چاند نے کوئی زنجیر رات بھر

۴۷

میری زبان گُنگ ہوئی ہاتھ شل ہوا
حرف و بیاں کا مسئلہ تب جا کے حل ہوا

اب تو رواں دواں وہ کھلے پانیوں میں ہے
وہ برف جس کو چھُو کے مرا ہاتھ شل ہوا

تجھ کو قریب دیکھ کے جب کھو گیا تھا میں
صدیوں سے بھی طویل وہی ایک پل ہوا

ہر شے میں اب تو ایک ہی صورت دکھائی دے
ایسا نصابِ دید میں ردّ و بدل ہوا

رُک رُک کے سوچ سوچ کے آ گے بڑھا مگر
لے دے کے فیصلہ مرے دل کا اٹل ہوا
بیٹھے ہو آج راہ میں کیوں سانس رُک کر
وہ ایک حادثہ کہ جو ہونا تھا، کل ہوا
اب اور کیا رشیدؔ کے بارے میں ہم کہیں
ملکیتِ غزل تھا، وہ صرفِ غزل ہوا

۴۹

○

راہی بھی ہوں میں، راہ کی دیوار بھی میں ہوں
خود اپنے سے اب برسرِ پیکار بھی میں ہوں

وہ ہاتھ، مرا ہاتھ تھا جو ڈھال بنا تھا
جو خون میں ڈوبی ہے وہ تلوار بھی میں ہوں

اِک طرفہ تماشا ہیں مرے دل کی یہ رسمیں
منصف بھی ہُوں میں اور سرِ دار بھی میں ہوں

کل تک تھا نمائندہ سکوتِ ازلی کا
اور آج کا پیغمبرِ اظہار بھی میں ہوں

۵۰

اک دائرہ بنتی ہے مری ذات مرے گرد
مطلوب بھی میں اور طلب گار بھی میں ہوں

جو کٹ کے بھی اونچی تھی، وہ گردن، مری گردن
جو سر سے نہ اُتری تھی وہ دستار بھی میں ہوں

میں نازشِ آواز ہوں، سن بحرِ خموشی!
او گنگ صداؤ، لبِ گفتار بھی میں ہوں

ماتھے پہ سجاتا ہوں رشید اپنا نشاں بھی
اور اپنے لئے منزلِ دشوار بھی میں ہوں

۵۱

○

کاش کچھ دیر مجھے تم نہ سنبھلنے دیتے
سنگِ مرمر پہ مجھے اور پھسلنے دیتے

میں فلک پار بھی ہمراہ تمہارے چلتا
تم مجھے جسم کے زنداں سے نکلنے دیتے

اپنی تحریر کا انداز نہ بدلا ہوتا!
لفظ کاغذ پہ اُچھلتے تھے، اُچھلنے دیتے

تاج تنکوں کا تو پہلے بھی سجا رکھا تھا
رُوپ کچھ اور مجھے آج بدلنے دیتے

۵۲

میں بھی ہنستی ہوئی کرنوں کا تماشا کرتا
میری آنکھوں کی ذرا برف پگھلنے دیتے

بات اُکھڑی ہوئی سانسوں کی سمجھنے والے
مجھ کو دو چار قدم ساتھ تو چلنے دیتے

میں کہ اس شہرِ طلسمات کا پتھر ہوں رشید
راز کوئی تو مجھے آپ اُگلنے دیتے

○

اُٹھ گئی آج چاند کی ڈولی
کتنی ویراں ہے رات کی جھولی
اپنا سایہ سمیٹ کر رکھنا
مجھ سے اک بھاگتی کرن بولی
اب تو جاگ، اے شبوں کی شہزادی
تجھ کو سونا تھا، عمر بھر سولی
سانس روکو، چراغ گُل کر دو
آج بدلے گی چاندنی چولی

۵۴

میں ہوں ساتھی سُلگتے صحرا کا
تو ٹھٹھرتی کرن کی ہمجولی

ایک دریا سنبھل سنبھل کے چلا
ایک کشتی قدم قدم ڈولی

آسماں، تو ابھی زمیں پہ نہ آ
میں نے مٹھی ابھی نہیں کھولی

کب تلک کوئی دل پہ کان دھرے
کون سمجھے رشید کی بولی

○

بیٹھی ہے اب چٹان پہ گُم سُم ڈری ڈری
موجوں کا کھیل کھیلنے نکلی تھی جل پری

پتھر ہے تُو کبھی، کبھی شبنم، کبھی ہوا
تجھ سے کرے گا کوئی کہاں تک برابری

بیٹھے رہے ہیں خاک پہ موتی سجا کے ہم
اُڑتی پھری ہواؤں میں چاندی کی طشتری

مدت ہوئی ہے یوں تو کہانی سُنا چکے
اٹکا ہوا ہے لب پہ مگر لفظ آخری

شاید تجھے پُکار رہا ہے کوئی رشید
وہ دُور اُفق کے پار جو بجتی ہے بانسری

۵۶

O

وہ جو اک لفظ مرے لب پہ سدا ہوتا ہے
وہ سرِ بزم کہاں مجھ سے ادا ہوتا ہے

اوڑھ لیتے ہیں سناٹے بھی لہو کی چادر
چاندنی رات کا جب زخم ہرا ہوتا ہے

اپنے پہلو میں جھکا لے یہ لچکتے لمحے
وقت کی بات نہ کر، وقت کڑا ہوتا ہے

جس کو دیکھا ہے خود اپنا ہی تماشا دیکھا
اب تو ہر شخص ہی آئینہ نما ہوتا ہے

میں وہ اک لہر، جو ڈوبی ہے اُبھرنے کے لیے
تو وہ طوفان، جو چھٹنے کو بپا ہوتا ہے

۵۷

کیا خبر، روشنیوں کا وہ چھلاوا کیا ہے!
میرے اندر جو مجھے ڈھونڈھ رہا ہوتا ہے

میں وہ صحرا ہوں، سَرابوں کے سمندر پہ جہاں
جشنِ دِن رات ہیولوں کا بپا ہوتا ہے

جب سُلگتا ہے سرِراہ مرا جسم رشیدؔ
ہم سفر میرا کوئی ابر نُما ہوتا ہے

۵۸

○

## (نذرِ غالبؔ)

اپنا وہ خود جواب ہے، خود ہی سوال ہے
نظریں ہیں تیغ تیغ ، بدن ڈھال ڈھال ہے

کرنوں کی کوئی سیج بچھا، چاندنی کے شہر
رستے دھواں دھواں ہیں، مسافر نڈھال ہے

اُتریں نہ اب کے آنکھ میں رِم جھم کی دیویاں!
شاید جہانِ دل پہ پڑا خشک سال ہے

اے سنگِ طرفہ رنگ، نہیں تو ہی بارِ دوش
اب تو خود اپنا جسم بھی مجھ پہ وبال ہے

۵۹

تو کر سکے تو بات کر، اے ربِ چشم و لب
بے لفظ میرے ہونٹ، نظر بے سوال ہے

کیا جانیے کہ پیکرِ صد چہرہ آپ ہیں
یا پھر ہمارا شیشۂ دِل بال بال ہے

کیوں اشک ہے ترا ہر قہقہہ رشیدؔ
کیا بات ہے کہ بات چھپانا محال ہے

۶۰

## (نذرِ شکیب جلالی)

آیا اُفق کی سیج تک آ کر پلٹ گیا
لیکن عروسِ شب کا وہ گھونگھٹ اُلٹ گیا

دل میں بسی ہیں کتنی ترے بعد بستیاں
دریا تھا خشک ہو کے جزیروں میں بٹ گیا

اک شخص لوٹتے ہوئے کل تیرے شہر سے
رو رو کے اپنے نقشِ قدم سے لپٹ گیا

میں چل رہا ہوں خول بدن کا اُتار کر
اب میرے راستے کا یہ پتھر بھی ہٹ گیا

۶۱

پھیلی رہیں گی جھولیاں پلکوں کی کب تلک
آیا تھا جو اُمڈ کے، وہ بادل تو چھٹ گیا

دشتِ نظر سے اِتنے بگولے اُٹھے رشیدؔ
اک مسکراتے چاند کا چہرہ بھی اَٹ گیا

۶۲

○

اے ماہ وشو، جلوہ گرو، نُور نژادو
مجھ کو بھی کبھی بامِ ثریا سے صدا دو

میں بھی تو اندھیروں کا جگر چیر کے نکلا
خورشید کوئی میری جبیں پر بھی سجا دو

کب تک میں سنوں گا یہ حکایات فنا کی
پیغامبرو، اب مجھے پیغامِ بقا دو

بہتر ہے یہ آوارگیٔ دشتِ خلا سے
تم مجھ کو کبھی گہرے سمندر میں گرا دو

۶۳

میں کب سے سرِ گنبدِ جاں گونج رہا ہوں
تم بھی تو رگِ جاں سے کبھی مجھ کو صدا دو

اُترے گی درِ عرش سے آواز کی دیوی
تم فرش پہ خاکہ مرے گیتوں کا بنا دو

باقی ہے رشیدؔ اب تو یہی وصل کی صورت
اس جسم کی دیوار کو رستے سے ہٹا دو

۶۴

○

دیپ سے دیپ جلاؤ تو کوئی بات بنے
گیت پر گیت سناؤ تو کوئی بات بنے

قطرہ قطرہ نہ پکارو مجھے بہتی ندیو!
موج در موج بلاؤ تو کوئی بات بنے

رات اندھی ہے گزر جائے گی چپکے چپکے
جال کرنوں کا بچھاؤ تو کوئی بات بنے

سامنے اپنے میں خاموش کھڑا ہوں کب سے
درمیاں تم کبھی آؤ تو کوئی بات بنے

۶۵

داستاں چاند ستاروں کی سنانے والو

تم مرا کھوج لگاؤ تو کوئی بات بنے

منتظر میں تو بہر گام ہوں ساحل کی طرح

صورتِ موج تم آؤ تو کوئی بات بنے

جھانکتا کون ہے اب دل کے شگافوں میں رشیدؔ

زخم چہرے پہ سجاؤ تو کوئی بات بنے

اے شہریارِ صبح تری بات جب چلی
زُلفیں سمیٹتی ہوئی خاتونِ شب چلی

ہر شخص اپنے سایۂ مژگاں میں کھو گیا
بازیگروں نے شہر میں چال اک عجب چلی

زخموں کو پھول جان کے گلکاریاں کرو
شہرِ الم میں آج ہوائے طرب چلی

ہم لب زدوں سے کیجیے اُس رُت کا تذکرہ
جو گنگناتی آئی تھی، نوحہ بلب چلی

۶۷

اب دو حساب صبح کے منکر نکیر کو
پرُسانِ حالِ دل، شبِ عالی نسب چلی
اک ایک کر کے چھوٹ گئیں صحبتیں تمام
اک جاں رفیقِ جسم تھی، لو وہ بھی اب چلی
شاید کسی جبیں پہ پسینہ نہیں رشید
ٹھنڈی ہوا چلی ہے، مگر بے سبب چلی

۶۸

○

کون کہتا ہے ترے دل میں اُتر جاؤں گا
میں تو لمحہ ہوں تجھے چھُو کے گزر جاؤں گا

شب کے چہرے پہ میں کوئی رنگ تو بھر جاؤں گا
چل پڑا ہُوں تو میں اب تا بہ سحر جاؤں گا

آسمانوں کی صفیں کاٹ کے پہنچا تھا یہاں
اب تری آنکھ سے ٹوٹا تو کدھر جاؤں گا

اپنی نظروں کا کوئی دائرہ بن دے مرے گرد
ورنہ اِن تیز ہواؤں میں بکھر جاؤں گا

٦٩

میں نے کاغذ پہ سجائے ہیں جو تابوت نہ کھول
جب اُٹھے لفظ تو میں خوف سے مر جاؤں گا

کون خوشبو سے ہواؤں کا بدن چھینتا ہے
تو مرے ساتھ رہے گا، میں جدھر جاؤں گا

ریگِ ساحل سے رہی اپنی شناسائی تو پھر
ایک دِن گہرے سمندر میں اُتر جاؤں گا

چاند تاروں کی طرح میں بھی ہوں گردش میں رشیدؔ
ہاں اگر تو نے پکارا تو ٹھہر جاؤں گا

فصیلِ لب (غزلیات)

۶۰

ہیں دل بدست کب سے سرِ راہ سادہ لوگ
گزریں گے کب اِدھر سے یہ دامن کشادہ لوگ

اے دوست اس ہجومِ لب و گوش پر نہ جا
انسان کم ہیں شہر میں ہوں گے زیادہ لوگ

دنیا میں سربلندیٔ الفاظ دیکھ کر!
کاغذ کا اوڑھ لیتے ہیں اکثر لبادہ لوگ

ہفت آسماں تو آج زمیں بوس ہیں رشیدؔ
پھر کر رہے ہیں جانے کہاں کا ارادہ لوگ

۷۱

تیز دریاؤں کا احسان اُٹھاتے گزری
چند شعلے تھے جنھیں عمر بُجھاتے گزری

سنگِ خارا پہ سجاتے رہے آواز کا نقش
جو نہ بنتی تھی، وہ تصویر بناتے گزری

صبح دم دیکھا تو اپنا بھی نشاں کوئی نہ تھا
رات اک راہ کی دیوار گراتے گزری

چند لفظوں کی حکایت تھی جو تو مل جاتا
وہ کہانی، کہ جسے عمر سناتے گزری

۷۲

دائرے بنتی ہوئی ایک کرن کی خاطر
پتلیاں تیرہ خلاؤں میں گھماتے گزری

اپنے مرقد پہ، کبھی رات کے مدفن پہ رشیدؔ
زندگی اپنی تو بس دیپ جلاتے گزری

۷۳

○

ہے شوق تو بے ساختہ آنکھوں میں سمو لو
یوں مجھ کو نگاہوں کی ترازو میں نہ تولو

میں بھی ہوں کسی آنکھ سے ٹوٹا ہوا موتی
مجھ کو بھی کسی ریشمی ڈوری میں پرو لو

لایا ہوں میں خود دِل کو ہتھیلی پہ سجا کر
اس جنس کے بازار میں کیا دام ہیں بولو

اب کون بکھیرے گا کڑی دھوپ میں گیسو
خود اپنے ہی دل کے کسی تہہ خانے میں سو لو

۴

میں کانچ کے ٹکڑوں کی طرح بکھرا پڑا ہوں
بھولے سے کبھی مجھ کو پاؤں میں چبھو لو

دن بھر تو رشیدؔ آپ کو ہنسنا ہی پڑے گا
رونا ہے تو اب رات کی تنہائی میں رو لو

○

ترے خیال کو پابندِ رنگ و بو نہ کروں
میں تجھ کو چاہوں، مگر تیری جستجو نہ کروں

ہر ایک موئے بدن جیسے میرا دشمن ہے،
میں اپنی بات بھی اب اپنے رُو برُو نہ کروں

کبھی تو گھاؤ کوئی رُوح تک اُتر جائے
کوئی تو زخم ہو ایسا جسے رفُو نہ کروں

وقارِ دشت عطا ہو مجھے بھی داورِ غم
میں تشنہ کام رہوں اور سبُو سبُو نہ کروں

۷۶

عجیب حکم ہے، ڈالوں کمند سورج پر
خود اپنے سائے سے لیکن میں گفتگو نہ کروں

رشیدؔ کتنے سیہ سورجوں کا بھید کھلے،
میں چاکِ دامنِ شب کو اگر رفو نہ کروں

"

○

جھانکا مری پلکوں سے تو پتھرا کے گرا ہے
خوں بن کے جو صدیوں مری رگ رگ میں بہا ہے

آواز نے اس کا کبھی گھونگٹ نہیں اُلٹا
یوں تو وہ ازل سے مرے ہونٹوں پہ رہا ہے،

تو میرا ہے، اے میرے تراشے ہُوتے پتھر!
خود مٹ کے تجھے میں نے نیا رُوپ دیا ہے

تاریک سمندر کا وہ باسی تھا مگر اب
پلکوں پہ مری آ کے مجھے گھُور رہا ہے

تو آ کہ ہو آباد یہ آسیب زدہ دل
اس بند حویلی پہ ترا نام لکھا ہے

۷۸

بَن جاتے ہیں پل بھر میں صدا کے کئی پیکر
میں نے یہ کسی بانسری والے سے سنا ہے

اے شب تو کسی سانولے سورج کو جنم دے
صدیوں سے سلگتی ہوئی دھرتی کی صدا ہے

الفاظ کے اس آئینہ خانے میں رشید آج
خود اپنے ہی معیار کی سولی پہ چڑھا ہے

۷۹

○

دم بھر کی خوشی باعثِ آزار بھی ہوگی
اس راہ میں سایہ ہے تو دیوار بھی ہوگی

صدیوں سے جہاں جس کے تعاقب میں رواں ہے
وہ ساعتِ صد رنگ گرفتار بھی ہوگی

زنگوں کی ردا اوڑھ کے اس ریگِ رواں پر
اُتری ہے جو شب وہ شبِ دیدار بھی ہوگی

اِٹھلائے گا پلکوں پہ کبھی صبح کا تارا
بیدار کبھی نرگسِ بیمار بھی ہوگی

کہتا ہے مرے کان میں خوشبو کا پیامی
منہ بند کلی مائلِ گفتار بھی ہوگی

۸۰

سائے سے لپٹ جائیں گے پاؤں سے ہر گام
رسوائی کچھ اپنی سرِ بازار بھی ہو گی

اے شب! نہ کٹے گی ترے سینے کی سیاہی
اک شوخ کرن مفت گنہگار بھی ہو گی

سنتے ہیں کہ ہر صبح کے ہاتھوں میں رشیدؔ اب
زہراب میں ڈوبی ہوئی تلوار بھی ہو گی

○

تجھ سے بھی حسیں ہے ترے افکار کا رشتہ
تو مانگ لے مجھ سے مرے اشعار کا رشتہ

وہ دُھوپ میں نکھرا ہوا بلّور سا پیکر
چاندی سا چمکتا ہوا دیدار کا رشتہ

تنہائی میں پہنچے تو سبھی تھے، تہی داماں
بازار میں چھوڑ آئے تھے بازار کا رشتہ

اک اور گرہ سانس کی ڈوری میں پڑے گی
یاد آیا مجھے بھولا ہوا پیار کا رشتہ

۸۲

افکار کے جنگل میں کھڑا سوچ رہا ہوں

کس طرح معانی سے ہو اظہار کا رشتہ

کیوں یاد دلاتے ہو رشیدؔ ان کو یہ بندھن

اب کون نبھاتا ہے یہ بیکار کا رشتہ

صحرا صحرا بات چلی ہے، نگری نگری چرچا ہے
رات کے غم میں سورج سائیں بادل اوڑھے پھرتا ہے

جھونکا جھونکا تیری خوشبو مجھ سے لپٹ کر گزری ہے
ریزہ ریزہ تیری خاطر میں نے جسم گنوایا ہے

دن بھر بادل چھم چھم برسا شام کو مطلع صاف ہوا
تب جا کر اک قوس قزح پر تیرا پیکر اُبھرا ہے

تو نے جس کی جھولی میں دو پھول بھی ہنس کر ڈال دیے
ساری عُمر وہ کاغذ پر خوشبو کی لکیریں کھینچتا ہے

تم کیوں تیز نوکیلے نیزے تان کے مجھ پر جھپٹے ہو
میرا مقدر، تُند بگولو، یوں بھی تو بُجھ جانا ہے

۸۴

میں نے اپنے گرد بنالی زخموں کی دیوار نئی
ایک پُرانا غم لیکن رہ رہ کر مجھ پر ہنستا ہے

جلتے جلتے میں بجھ جاؤں، یا تو آگنی روپ میں آ
تیرا میرا میل ہو کیسے میں سورج تو سایہ ہے

سب کہسار، سمندر، صحرا گھومیں اس کے گرد رشیدؔ
وہ اک شخص جو دنیا بھر میں تنہا تنہا رہتا ہے

۸۵

○

شب کی دہلیز کو جس نے بھی سنوارا ہوگا
اس کے ماتھے پہ مقدر کا ستارا ہوگا

ڈوبتے لمحوں کے پتوار سنبھالے رکھنا
موجۂ درد کے اُس پار کنارا ہوگا

اک بھٹکتی ہوئی پرچھائیں کو چین آجاتے
کاش کہہ دے کہ اُسے تو نے پکارا ہوگا

ہم ہی تھے جسم کا جو بار اُٹھا کر ڈوبے
تو نے یہ بوجھ تو ساحل پہ اُتارا ہوگا

میں بھی صدیوں سے خلاؤں کا مسافر ہوں رشیدؔ
مجھ کو بھی چاند کے آنگن سے اشارا ہوگا

۸۶

○

بکھرا پڑا ہے دامنِ گردوں پہ دامِ شب
شمشیرِ صبح، چیر کے نکلی نیامِ شب

ہیں میرے سر پہ دُھوپ کے نیزے تنے ہوئے
زلفیں بکھیر دے کوئی آ کر بنامِ شب

اے چاندنی کے سیلِ سُبک گام، کیا ہُوا
وہ ڈولتا، لہکتا، مہکتا خرامِ شب

پلکوں سے لکھ رہا ہُوں میں آیاتِ نَو بنَو
مجھ پر اُتر رہا ہے مسلسل کلامِ شب

دیں گے رشیدؔ ڈُوبتے لمحے صدا کسے
اب تھامتا ہے کون، نہ جانے زمامِ شب

○

حیرت سے لوگ پاس کھڑے دیکھتے رہے
میں آپ کو اور آپ مجھے دیکھتے رہے

اُترا نہ آسماں سے کوئی چاند آج تک
بازو ہر ایک شب کے کھُلے دیکھتے رہے

کس کس کے پاؤں، کس کی جبیں پر غبار تھا
ہم تیری رہگزر میں کھڑے دیکھتے رہے

ہم نے سنائی ایک غزل اور چل دیے
پھر اس کے بعد لوگ تجھے دیکھتے رہے

شب بھر خلا کے پار، یہ ظلمت نصیب لوگ
کیا جانیے رشیدؔ کسے دیکھتے رہے

○

قریہ قریہ کھیلتی، ہنستی، چہکتی چاندنی
چاند تو آکاش کا ہے اور سب کی چاندنی

ہولے ہولے وہ پسِ چلمن ابھرتا ماہتاب
قطرہ قطرہ وہ رگ و پے میں اُترتی چاندنی

راستہ روکے کھڑی تھی کالے بادل کی چٹان
پھر بھی پہنچی ہانپتی، گرتی، سنبھلتی چاندنی

آسماں پہ ہر طرف اک کہکشاں زخموں کی ہے
شب زدوں کے کارواں ہیں اور اکیلی چاندنی

٨٩

شب کی سرحد سے پرے سورج کمیں گاہوں میں ہیں
میں نے بتلایا تھا لیکن تو نہ مانی چاندنی

میں بھی سو جاؤں گا تھک کر چاند بھی ڈھل جائے گا
کون دیتا ہے کسی کا ساتھ پگلی چاندنی

سب کی سنتی ہے مگر کچھ کہہ نہیں پاتی رشید
کتنے کڑوے گھونٹ پیتی ہے سُریلی چاندنی

○

چاہت کا سنسار ہے جھوٹا، پیار کے سات سمندر جھوٹ
ساری دنیا بول رہی ہے کتنے سُندر سُندر جھوٹ

اشکوں کو موتی کہتا ہوں، رُخساروں کو پھول
میں لفظوں کا سوداگر ہوں، میرے باہر اندر جھوٹ

کھوٹے سکّے لے کر گھومیں ہم دونو بازاروں میں
تیری آنکھ کے موتی جھوٹے، میرے من کا مندر جھوٹ

میں نے کہا جلووں کا مسکن اُجلے چہرے اونچی ذات
سب نے کہا تم سچ کہتے ہو، بولا ایک قلندر "جھوٹ"

دُنیا بھر میں ایک حقیقت، سچّا ایک وجُود رشید
ورنہ سارے جنگل، پربت، صحرا اور سمندر جھوٹ

○

مری جبیں کا مقدر کہیں قسم بھی تو ہو
میں کس کو سامنے رکھوں کوئی صنم بھی تو ہو

کرن کرن ترا پیکر، کلی کلی چہرہ
یہ لخت لخت بدن اب کہیں بہم بھی تو ہو

مرے نصیب میں آخر خلا نوردی کیوں؟
مری زمیں ہے تو اِس پر مرا قدم بھی تو ہو

ہر ایک شخص نے کتبہ اٹھا رکھا ہے یہاں
کسی کے ہاتھ میں آخر کوئی عَلَم بھی تو ہو

۹۲

گداز لمحے صحیفہ بدست اتریں گے

ترے نصیب میں فیضانِ چشمِ نم بھی تو ہو

بس اب تو چھیڑ دے اے مطربۂ غزل کوئی

طرب کدے میں وہ شہزادیٔ الم بھی تو ہو

رشیدؔ لب پہ ہنسی ہے تو آنکھ نم کر لے

نئی خوشی کے مقابل پرانا غم بھی تو ہو

○

کبھی تو کاش تجھے بھی میں ہمقدم دیکھوں
میں تیرا ذوق، ترا شوق، تیرا دم دیکھوں

چھپے نہ کوئی تو اس میں مری خطا کیا ہے
میں اپنے جسم کے پرزے قدم قدم دیکھوں

مری زمین کے پیروں تلے مری جنت
میں خلدِ عرشِ بریں کو بھی اس سے کم دیکھوں

مرا بدن تو سدا زلزلوں کی زد میں تھا
میں تیری سانس میں بھی اب تو زیر و بم دیکھوں

۹۲

وہی تھا دن کے اُجالے میں مجھ سے صدیوں دُور
وہ جس کو میں شبِ تنہائی دم بدم دیکھوں

یہ کیا، کہ جب بھی ملے تو سراب بن کے ملے
یہ کیا، کہ جب بھی میں دیکھوں بچشمِ نم دیکھوں

ہیں کائنات کے اس دشتِ بے اماں میں رشیدؔ
خود اپنی ذات کا ٹوٹا ہوا بھرم دیکھوں

۹۵

○

کب سے یہاں بھی اک گُلِ شب تو مقیم ہے
یہ دل جو شاملات ہے، بنجر قدیم ہے

چلتے رہو خود اپنے ہی سائے کی سیدھ میں
دنیائے کج میں راہ یہی مستقیم ہے

بوسیدہ تن پہ سج گئے چہرے نئے نئے
کہنہ جہاں میں ورنہ ہر اک شے قدیم ہے

قائم ہے اب بھی ایک ارادہ نحیف سا،
ٹوٹا جو بار بار وہ عزمِ صمیم ہے

کیسے کریں رشید کی باتوں پہ ہم یقیں
دل بھی دو نیم اس کا، زباں بھی دو نیم ہے

۹۶

○

میں نے کہی نہیں آپ سے باتیں بھلی بھلی
رُسوا کیا ہے آپ نے مجھ کو گلی گلی

میں نے کہا نہیں تھا کہ شعلہ بدن ہیں لوگ
اب کیوں دکھا رہے ہو ہتھیلی جلی جلی

اک اور شب کی راہ میں آنکھیں بچھایئے
یہ شب، بصورتِ شبِ رفتہ، ڈھلی ڈھلی

کیسے سرک کے بھری گاگریں گریں
جب میرے ساتھ کوئی منچلی چلی

میں نے غزل سنائی تو اک اہلِ دل رشید
سینے پہ ہاتھ رکھ کے پکارا "علی علی"

۹۷

○

قصہ نہ سنا پھر سے مجھے نیل گگن کا
کچھ تذکرہ اے دوست! مرے سرو و سمن کا

مجھ کو بھی کبھی غور سے پڑھ قاریٔ قرآں
میں بھی تو صحیفہ ہوں اُسی صاحبِ فن کا

یہ درد کا انداز نیا خوب ہے لیکن!
پھر خاک پہ گر جائے نہ تسبیح کا منکا

سو بار جو نکلی ہے رگِ جاں سے گزر کر
اے شب، کوئی پیغام اُس آوارہ کرن کا

۹۸

پھر لَوٹ کے آیا نہ وہ خوشبو کا ہیولا

اک ذکر سا چھیڑا تھا کبھی میں نے بدن کا

ہر لفظ کے پیکر میں ترے جسم کی سج دھج

ہر شعر مرقع ہے بس اک تیری پھبن کا

دیکھا نہ وہاں فکر کا اک تاج محل بھی

چرچا تھا رشیدؔ آپ کے جس شہرِ سخن کا

○

گنبدِ ذات میں اب کوئی صدا دُوں تو چلوں
اپنے سوئے ہوتے ساتھی کو جگا لُوں تو چلوں

پھر بکھر جاؤں گا میں راہ میں ذرّوں کی طرح
کوئی پیمانِ وفا خود سے میں باندھوں تو چلوں

جانے تو کون ہے. کس سمت بلاتا ہے مجھے
تیری آواز کی پرچھائیں کو چھُو لوں تو چلوں

بجھ نہ جائیں ترے جلووں کے مقدس فانوس
اپنے بھیگے ہُوئے دامن کو نچوڑوں تو چلوں

۱۰۰

کتنا گمبھیر ہے کہرام سکوتِ شب کا
کوئی آواز کا پیکر کہیں دیکھوں تو چلوں
دوشِ طوفاں سے کوئی موج بلاتی ہے مجھے
ریزہ ریزہ ہے بدن، اب اسے چُن لوں تو چلوں
کتنی صدیوں کی مسافت ابھی باقی ہے رشیدؔ
ہانپتے جسم کا یہ خول اُتاروں تو چلوں

○

رنگوں کی وہ پکار تھا، شعلہ صدا کا تھا
جو کچھ بھی تھا حسین وہ ظالم بلا کا تھا

سا تھی میں جیسے صبح کی ساکن ہوا کا تھا
وہ جیسے ٹوٹتی ہوئی شب کا دھماکا تھا

مجھ میں سما کے بھی تھا مری دسترس سے دور
باسی زمیں کا تھا تو مسافر خلا کا تھا

بارش میں بھیگتا ہوا وہ سانولا بدن
جیسے وہ ہو بہو مری غزلوں کا خاکا تھا

۱۰۲

مُوجوں نے ریت پاؤں تلے سے نکال دی
پتھر ہیں ورنہ حوصلہ یارد بلا کا تھا
سمٹا تو تیرے نام میں تحلیل ہو گیا
ورنہ رشید ایک سمندر صدا کا تھا

فصیلِ لب (غزلیات) رشید قیصرانی

○

صدف کی قید سے مجھ کو نکالو
مجھے اُجلی فضاؤں میں اُچھالو
یہ ٹھنڈی برف سی دیوار توڑو
حصارِ ذات سے مجھ کو نکالو
ہزاروں تیر برسائے گا سورج
چھپا لو اپنے چہروں کو چھپا لو
بھروسہ کیا ہے اِس وحشی ہوا کا
تم اپنے ریشمی آنچل سنبھالو

۱۰۴

مِرے ماحول میں کانٹے بہت ہیں
غنیمت ہے جو تم دامن بچا لو
میں اوجِ آسماں کو چھو رہا ہوں
اُٹھا لو اب جھکی نظریں اُٹھا لو
یہ کب بکتے ہیں بھولے بادشاہو
فقیروں کو ترازو میں نہ ڈالو

منہ کس طرح سے موڑوں ایسے پیام سے
مجھ کو بلا رہا ہے وہ خود اپنے نام سے

سوئے تو سبز پیڑ کا سایہ سرک گیا
ڈیرہ جما رکھا تھا بڑے اہتمام سے

کیسے مٹا سکے گا مجھے سیلِ آب و گل
نسبت ہے میرے نقش کو نقشِ دوام سے

گو شہرِ خفتگاں میں قیامت کا رن پڑا
تلوار پھر بھی نکلی نہ کوئی نیام سے

۱۰۶

ہالہ بنا رہا ہے تو اب اُن کے ذکر کا،
کب کے گئے وہ لوگ سلام و پیام سے
میں تو اسیرِ گرمیٔ بازار ہوں رشید
مجھ کو غرض نہ جنس سے، درہم نہ دام سے

○

جب رات کے سینے میں اُترنا ہے تو بارو
بہتر ہے کسی چاند کو شیشے میں اُتارو

پرچھائیاں پوچھیں گے کہاں تک یہ پجاری
اپناؤ کوئی جسم، کوئی رُوپ تو دھارو

خود اہلِ قلم اس میں کئی رنگ بھریں گے
تم ذہن کے پردے پہ کوئی نقش اُبھارو

دیوار پگھلتی ہے جھلس جاتے ہیں سایے
یہ دھوپ نگاہوں کی بہت تیز ہے یارو

رشید قیصرانی

تم وقت کی دہلیز پہ دم توڑ رہے ہو
میں بھاگتا لمحہ ہوں مجھے تم نہ پکارو

حالات یہ کہتے ہیں کہ تم زندہ رہو گے
پلکوں پہ مچلتے ہوئے خوش بخت ستارو

۱۰۹

مکاں بھی کوئی نہیں ہے، کوئی مکیں بھی نہیں
سبھی سراب صفت ہیں، کوئی کہیں بھی نہیں

تم اپنا نقش قدم آسماں پہ ڈھونڈتے ہو
تمہارے پاؤں کے نیچے تو اب زمیں بھی نہیں

وہ اک سیلِ سبک رو، میں برگ آوارہ
مرے لبوں پہ تو "ہاں" بھی نہیں "نہیں" بھی نہیں

جبیں جبیں پہ لکھا ہے اس ایک شخص کا نام
وہ جس کو ڈھونڈھنا چاہو تو وہ کہیں بھی نہیں

مری نظر میں فقط فاصلے حسیں ہیں رشید
جو مجھ سے دور نہیں ہے، مرے قریں بھی نہیں

۱۱۰

○

اِس طرح آنکھ کی پتلی میں سجالوں تجھ کو
سامنے کوئی بھی آجائے میں دیکھوں تجھ کو

کتنا سناٹا ہے اے زمزمۂ فکر و خیال
گھُٹ کے مر جاؤں جو اک پل بھی نہ سوچوں تجھ کو

میں صنم خانۂ اشعار میں لمحہ لمحہ،
اک نئے لفظ کے پتھر سے تراشوں تجھ کو

کیا زمانہ تھا کہ ہر چہرہ ترا چہرہ تھا
اب ترے سامنے آکر بھی میں ڈھونڈوں تجھ کو

۱۱۱

تو اگر حرفِ عیاں ہے تو نگاہوں میں سما
تُو پہیلی ہے تو پھر آ کہ میں بوجھوں تجھ کو
تو نے جن لمحوں کو خوں دے کے سنوارا ہے رشیدؔ
یاد رکھیں گے وہ لمحے بھی تو صدیوں تجھ کو

فصیلِ لب (غزلیات) رشید قیصرانی

۱۱۲

○

تم بُرے کب تھے کہ یوں آخر بھلے ہو جاؤ گے
اس قدر ہنسنے سے لیکن کھوکھلے ہو جاؤ گے

میری گردن میں ابھی کرنوں کی بانہیں ڈال دو
کیا پتہ ہے کیا سے کیا تم دن ڈھلے ہو جاؤ گے

سر پہ آ پہنچے گا سورج اور سایے کی طرح
ہوتے ہوتے تم بھی گم پیروں تلے ہو جاؤ گے

میں تو ناؤ کی طرح بس ڈوبتا رہ جاؤں گا
تم تو موجوں کے سُبک رَو قافلے ہو جاؤ گے

○

بٹ گئے دل کے دفینے، مجھ میں اب کچھ بھی نہیں
ہونٹ سی لو ورنہ تم بھی کھوکھلے ہو جاؤ گے

اجنبی سایہ کوئی، سیمیں بدن پر اوڑھ لو
یوں خود اپنی دھوپ میں تم سانولے ہو جاؤ گے

کیا خبر تھی ساتھیو، جب آندھیاں چلنے لگیں
تم سبھی ریگِ رواں کے قافلے ہو جاؤ گے

دل میں ہے لاوا تو پھر اس کو اُگل ڈالو رشید
ورنہ گُھٹ گُھٹ کر مجسّم زلزلے ہو جاؤ گے

۱۱۴

○

کالی گھٹا کا ظرف نہ یُوں آزمائیے
چاندی کا تھال سر پہ سجا کر نہ جائیے

اس سیلِ شب میں میں بھی ہُوں یارِ دریدہ تن
پیوند چاندنی کا مجھے بھی لگائیے

صدیوں کا تشنہ گوشِ گُماں گُونجنے لگے
یوں بھی کبھی سراب سے مجھ کو بلائیے

وہ قصۂ رفیقِ فلک ناز کیا ہوا
وہ داستانِ سرو و صنوبر سنائیے

۱۱۵

آئیں گی دوشِ صبح پہ رنگوں کی رانیاں
پہلے شبِ خیال میں خاکے بنائیے
اب آپ کا یہ کام ہے اربابِ نکتہ داں
ہر میرزا و میر کا مصرع اُٹھائیے
یہ غمگُسار لوگ گراں گوش ہیں رشید
دَر دَر پہ جا کے درد کی نوبت بجائیے

۱۱۶

○

آکاش پہ یُوں ملگجے آنچل کو نہ لہرا
اِتنا تو نہ کر تیز ہواؤں پہ بھروسا

بھونرے کی طرح وقت کی پیشانی پہ اِٹھلا
اب ذہن کے تاریک گھروندوں سے نکل آ

بہہ جاتی ہے ہر چیز، وہ پتھر ہو کہ تنکا
رُکتا ہے بھلا کب یہ مہ و سال کا دریا

مجھ کو تو یقیں تھا کہ مرے سامنے تو ہے
جب ہاتھ بڑھایا تو وہ نکلا مرا سایا

تو مجھ کو اُفق تا بہ اُفق ڈھونڈھ رہا ہے
صدیوں سے مجھے بھی تو ہے درپیش سفر سا

۱۱۷

پھر کون نکلتا ہے بگولوں کے بھنور سے
یوں ریت کے ذرّوں کی طرح مجھ کو نہ بکھرا

میں دُور، ابھی دُور، ابھی دُور ہوں تجھ سے
تو اور قریب، اور قریب اور قریب آ

میں پاؤں پسارے ہوئے بیٹھا ہوں زمیں پر
اے وقت کی ناگن، تو کبھی مجھ کو بھی ڈس جا

اپنی طرح مجھے بھی زمانے میں عام کر
اے ذاتِ عنبریں، مجھے خوشبو مقام کر

اِن پتھروں کو راکھ نہ کر سوزِ نطق سے
مجھ سے کلام کر، کبھی مجھ سے کلام کر

صدیوں کی میں کشید ہوں، اے ساقیٔ ازل
میرے وجود کو بھی کبھی صرفِ جام کر

آزاد ہو چکا ہوں میں قیدِ حواس سے
بامِ نظر سے اب مرا بالا مقام کر

مجھ کو نشانِ سلطنتِ بے نشان دے
دنیائے نام و ننگ کو بے ننگ و نام کر

۱۱۹

سارا نظامِ شمس کہیں یہ بُجھا نہ دے
اس سوختہ کرن کا کوئی انتظام کر

عالم میں ہے ثبات فقط میری روح کو
مجھ میں سما کے اب کوئی کارِ دوام کر

کوئی مکینِ قریۂ جاں تُو بھی ڈھونڈ لے
تُو بھی رشید آج کسی کو سلام کر

○

میں ڈھونڈتا پھرتا ہوں اُسے دشت میں کب سے
ٹپکا تھا کوئی چاند کسی دیدۂ شب سے

سر اپنا جھکایا نہیں اس موج نے تب سے
کوئی ہے ترا نقش قدم چوم کے جب سے

اِن کانچ کے ٹکڑوں کو سمیٹوں گا میں کیسے !
آئے تھے، تو پھر بات بھی کرتے کسی ڈھب سے

ٹھہرے ہوئے پانی میں وہ پتھر بھی نہ پھینکے
واقف نہیں جو کانپتی لہروں کے غضب سے

۱۲۱

اُمڈا ہے یہ بادل تو برس لینے دو اِس کو
رُک جاؤ گھڑی بھر کو جو آئے ہو سبب سے
آج اپنی بھی آواز کے بُت اُس نے تراشے
کل تک تو رشیدؔ اُن کی کہی کہتا تھا سب سے

○

پتّا بھرے درخت کا اک ایک جھڑ گیا
لیکن وہ خود زمین کے سینے میں گڑ گیا

تحلیل ہو چلا تھا میں سورج کے قرب میں
سایہ مرا سمٹ کے مرے پاؤں پڑ گیا

میں تھا کنول مزاج، کھلا موج موج پہ
خنجر صفت تھا وہ مرے سینے میں گڑ گیا

اُترے تھے آشتی کے سفیرانِ زرد پوش
پھر یوں ہوا کہ گاؤں کا گاؤں اُجڑ گیا

میں نے شکست پر بھی سنوارا لہو سے جسم
وہ سُرخرو ہوا تھا مگر زرد پڑ گیا

۱۲۳

وُہ چاند تھا تو نور کی سوغات بانٹتا
یہ کرچیاں سی کیوں مری پلکوں میں جڑ گیا

کیسے رُکے گا اب یہ لہو جاگتا ہوا
سوتے ہیں کچے زخم کا ٹانکا اُدھڑ گیا

صدیوں میں جس کی دُھن میں غزل خواں تھا رشیدؔ
وہ دفعتاً ملا تو مرا سانس اُکھڑ گیا

۱۲۴

نام ہمارا دنیا والے لکھیں گے جی داروں میں
ناچ رہے ہیں اپنی اپنی لاش پہ ہم بازاروں میں

ایک پرانی رسم ہے باقی آج تلک درباروں میں
چاند سے چہرے چُن دیتے ہیں پتھر کی دیواروں میں

آج کہاں ہیں شہر میں یارو اونچی گردن والے لوگ
عام ہیں اب تو پاؤں بڑے اور سر چھوٹے سرداروں میں

پار اترنے والوں کو اب دیوانوں میں گنتے ہو
شاید خوش قسمت تھے وہ جو ڈوب گئے منجدھاروں میں

کیا معلوم کوئی چنگاری جاگ اُٹھے اور چیخ پڑے
بہتر ہے تم ہاتھ نہ ڈالو ان بجھتے انگاروں میں

۱۲۵

وار پہ وار سہے ہیں لیکن ایک لہو کی بُوند نہیں
جسم ہیں سارے پتھر کے یا کاٹ نہیں تلواروں میں

کانچ کے یہ چمکیلے ٹکڑے آخر خون رُلاتے ہیں
دل سی سچی چیز نہ بانٹو اِن جھوٹے دلداروں میں

کون تمہارا درد بٹائے کس کو اِتنی فرصت ہے
نام رشیدؔ تم اپنا لکھ لو خود اپنے غمخواروں میں

○

سایے کو کر بدن سے جُدا، روشنی ہوئی
شب کا لہو کرن کو پلا، روشنی ہوئی

چڑھتے ہوئے کسی نے نہ دیکھا وہ آفتاب
سننے کو یوں تو سب نے سُنا، روشنی ہوئی

کرنوں کا زہر دشت کی نس نس میں بھر گیا
ذرّوں کا انگ انگ جلا، روشنی ہوئی

ملبوس کالی رات کا اب راکھ ہو چکا
اپنے بدن کے عیب چھپا، روشنی ہوئی

۱۲۷

یوں دُور اُفق کے پار سے مجھ کو صدا نہ دے
میرے قریب آ کے بتا، روشنی ہوئی

بھونچال میں مکان کی چھت مجھ پہ آ گری
اور چیختی ہوا نے کہا، روشنی ہوئی

طوفاں گرج چمک کے گزرتے رہے رشیدؔ
دل کا غبار کم نہ ہُوا، روشنی ہُوئی

۱۲۸

○

بات سُورج کی کوئی آج بنی ہے کہ نہیں
وہ جو اِک رات مسلسل تھی کٹی ہے کہ نہیں

تیرے ہاتھوں میں تو آئینہ وُہی ہے کہ جو تھا
سوچتا ہوں مرا چہرہ بھی وُہی ہے کہ نہیں

مجھ کو ٹکرا کے بہر حال بکھرنا تھا، مگر
وہ جو دیوار سی حائل تھی، گری ہے کہ نہیں

اس کا چہرہ ہے کہ مہتاب، وہ آنکھیں ہیں کہ جھیل
بات، اِس بات سے آگے بھی چلی ہے کہ نہیں

۱۲۹

اپنے پہلو میں چمکتے ہوئے سایے نہ سجا
کیا خبر اُن سے یہ ملنے کی گھڑی ہے کہ نہیں

حبس چہروں پہ تو صدیوں سے مسلط ہے مگر
کوئی آندھی بھی کسی دل میں اُٹھی ہے کہ نہیں

پوچھتا پھرتا ہوں میں بھاگتی کرنوں سے رشیدؔ
اس بھرے شہر میں اپنا بھی کوئی ہے کہ نہیں

۱۳۰

○

ہر گلی کے موڑ کا پرچم بنی میری قبا

میں سرِ بازار جب پہنچا تو ننگا ہو گیا

جس کے دامن پر ابھی تازہ ہیں چھینٹے خون کے

مجھ سے آکر پوچھتا ہے 'تیرا قاتل کون تھا؟

تم بھی اے اہلِ نظر، میری طرح خاموش تھے

میں تو پتھّر تھا، بھلا کیا دیکھتا، کیا بولتا

تحفۂ جاں بانٹتا تھا شہر میں اک اجنبی

میں بھی اپنے سردِ لاشے کو اُٹھا کر چل پڑا

۱۳۱

لوگ کہتے ہیں مری پرچھائیں بھی قاتل مری
میں بھلا پرچھائیں کے پیچھے کہاں تک بھاگتا
مجھ کو اس انبوہ میں کوئی نظر آتا نہیں
تُو نے تو اے چشمِ بینا مجھ کو اندھا کردیا
اب ستارے تم نہ توڑو آسمانوں سے رشیدؔ
کانچ کے ٹکڑوں سے میں نے اپنا دامن بھر لیا

آئینہ خانے میں یہ منظر کبھی دیکھا نہ تھا
میرے کتنے عکس تھے، کوئی مگر مجھ سا نہ تھا

میں کسی کو کس طرح اس دور میں پہچانتا
گردنیں لاکھوں تھیں، اُن پر ایک بھی چہرہ نہ تھا

اے کلیمِ شہرِ غم، اذنِ تخاطب دے مجھے
میری سوچوں پر تو پہلے بھی کبھی پہرہ نہ تھا

کوئی پیاسی روح میرے پاس سے گزری ضرور
آنکھ کا بادل کبھی یوں ٹوٹ کر برسا نہ تھا

۱۲۲

سب کو میری فکر تھی، سب تھے مرے رہبر مگر
مجھ کو جانا تھا کہاں، مجھ سے کبھی پوچھا نہ تھا

دَر بدَر پھرتا تھا میں اک عُمر سے لیکن رشید
میری گردن خم نہ تھی، دامن مرا پھیلا نہ تھا

○

گُم گشتہ منزلوں کا مجھے پھر نشان دے
میری زمین، مجھ کو مرا آسمان دے

زخموں کی آبرو کو نہ یُوں خاک میں ملا
چادر مرے لہو کی مرے سر پہ تان دے

یہ دھڑکنوں کا شور قیامت سے کم نہیں
اے ربِ صوت، مجھ کو دلِ بے زبان دے

یا مجھ سے چھین لے یہ مذاقِ بلند و پست
یا میرے بال و پر کو کھلا آسمان دے

۱۳۵

مانگا تھا میں نے کب یہ مجھے گردنوں کا غم
رزاقِ غم! مجھے غمِ گردوں نشان دے

سیلِ سکوت اب تو رگِ جاں تک آ گیا
اذنِ بیاں دے، مجھے اذنِ بیاں دے

دامن کشادہ پھر سے ہے خاتونِ غم رشید
تازہ لہو سے لکھ کے نئی داستان دے

(دسمبر، ۱۹۷۱ء)

فصیلِ لب (غزلیات) رشید قیصرانی

# فصیلِ لب

○

رشید قیصرانی

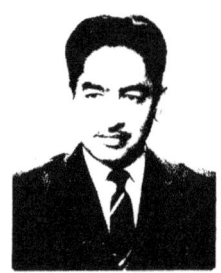